Nā waihoʻoluʻu o nā manu

na

David E. McAdams

Ua koho ʻia nā kiʻi ma kēia puke mai *Histoire Naturelle des Perroquets* (1805), i kākau ʻia e François Levaillant. Ua kaha ʻia nā kiʻi o kēia puke me ka hoʻohana ʻana i nā manu maoli, i kahakaha ʻia a paʻi ʻia i ke kala ma lalo o ke alakaʻi ʻana a Bouquet, Professor of Drawing ma Prytanée o Paris.

Aia nā kiʻi kumu a pau i hoʻohana ʻia no ka hana ʻana i nā kiʻi i loko o kēia puke ma ka waihona aupuni, no ka mea, ua pau ke kuleana kope. ʻO nā kikokikona a me nā hoʻoponopono i nā kiʻi he kuleana kope, e ʻike ma lalo.

Copyright 2015 Life is a Story Problem LLC. Ua mālama ʻia nā kuleana āpau.

He alakai no na makua

A'o nā keiki ma ka ho'ohālike a me ka hana hou 'ana. Ke heluhelu nei 'oe i kēia puke i kāu keiki, e kuhikuhi i kēlā me kēia kala ke 'ōlelo 'oe i kona inoa. Ma hope koke iho, e kuhikuhi ana kāu keiki i nā kala ma kāna iho.

Ke ho'omaka kāu keiki e kuhikuhi i nā kala, e ha'i i kēlā me kēia inoa kala ke kuhikuhi aku kāu keiki iā ia. 'A'ole koke kāu keiki e kuhikuhi ana i nā kala a 'ōlelo i nā inoa kala.

No ka 'ike hou aku, e 'ike i ka https://www.demcadams.com.

Manu ʻōmaʻomaʻo

Le jeune âge de la Perruche à collier rose.

Manu melemele

La Perruche souffré. Pl. 43.

Manu ʻulaʻula a ʻōmaʻomaʻo

La Perruche Phigy Pl. 64

Manu ʻeleʻele

L'Ara noir à Trompe. N.º 12.

Manu ʻulaʻula a uliuli

Perruche à Chaperon bleu. Pl. 54.

Manu hina

L'Ara gris à Trompe. Pl. 11.

Manu melemele a ʻōmaʻomaʻo

Perruche Ara, Guarouba dans son j'âge.

Manu ʻalani a ʻōmaʻomaʻo

Premiere variété de la Perruche à front jaune.

Manu ʻulaʻula a ʻeleʻele

Le Lori écaillé.

Manu ʻulaʻula, ʻōmaʻomaʻo, uliuli a keʻokeʻo

Manu ʻōmaʻomaʻo me kahi huelo ʻulaʻula

La Perruche Emeraude. Pl. 21.

Manu ʻalani a ʻōmaʻomaʻo

La Perruche écarlate. Pl. 44.

Manu ʻulaʻula, melemele, uliuli a keʻokeʻo

L'Ara Canga. Pl. 2.

Manu ʻōmaʻomaʻo a ʻalani

La Perruche à front jaune mâle. Pl. 34.

Barraband p.^t   De l'Imprimerie de Langlois

Manu ʻulaʻula, ʻōmaʻomaʻo a uliuli

La grande Perruche à collier et croupion bleu.
Pl. 55.

Manu melemele, ʻalani a ʻōmaʻomaʻo

Manu ʻōmaʻomaʻo me ka ihu melemele

Manu uliuli, ʻōmaʻomaʻo a ʻulaʻula

Perruche à tête bleue, mâle. Pl. 24.

Manu ʻulaʻula, melemele, poni a uliuli

Manu uliuli a keʻokeʻo

Manu ʻōmaʻomaʻo, ʻulaʻula a uliuli

La Perruche fringillaire. Pl. 71.

Manu ʻeleʻele

Manu uliuli, melemele, ʻōmaʻomaʻo a keʻokeʻo

Manu ʻulaʻula, melemele, ʻōmaʻomaʻo a uliuli

Variété de la Perruche omnicolore.

Manu ʻōmaʻomaʻo, uliuli, a keʻokeʻo

L'Ara Macavouanne. Pl. 7.

Manu ʻalani, melemele a ʻōmaʻomaʻo

Manu ʻōmaʻomaʻo, melemele a uliuli

La Perruche Ara, a bandeau rouge.

Manu ʻōmaʻomaʻo, uliuli a ʻulaʻula

Perruche à tête bleue, femelle. N.º 25.

Barraband pinx.   De l'Imprimerie de Langlois.

Manu palaunu, ʻōmaʻomaʻo a uliuli

La Perruche Ara, à gorge variée. Pl. 16.

Manu ʻulaʻula, melemele, ʻōmaʻomaʻo a ʻeleʻele

La Perruche a tete jaune. Pl. 55.

Manu ʻulaʻula, ʻōmaʻomaʻo a uliuli

La Perruche à collier noir. Pl. 45.

Manu hina, ʻulaʻula a keʻokeʻo

Le Perroquet cendré Tapiré. Pl. 101.

Nui nā kala o ka manu

Variété de la Perruche à tête bleue. Pl. 27.

Nui nā kala o ka manu

La Perruche à face bleue.

www.ingramcontent.com/pod-product-compliance
Lightning Source LLC
LaVergne TN
LVHW021945060526
838200LV00042B/1929